M. AUGUSTE

LECHESNE (DE CAEN),

STATUAIRE.

CAEN.—IMPRIMERIE EUGENE POISSON.

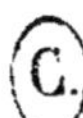

ÉTUDE
D'ART PLASTIQUE.

ALMA PARENS :

(LA GRANDE MÈRE, LA GRANDE MATERNITÉ, LA GRANDEUR
PROCRÉATRICE.)

GROUPE COLOSSAL DE SCULPTURE

DE

M. AUGUSTE LECHESNE (de Caen).

(EXTRAIT D'UN OUVRAGE INÉDIT SUR L'ART, PAR G. DESJARDINS.)

PARIS
AMYOT, LIBRAIRE-ÉDITEUR
RUE DE LA PAIX.

1858

ALMA PARENS.

FACE ANTÉRIEURE.

I.

Un Ingénieur français d'un grand mérite, que ses fonctions et ses rêves de poésie historique, avaient mis en voie de visiter et d'étudier une partie de l'Inde, en des temps assez récents, m'affirmait qu'on y chercherait vainement, dans le caractère des monuments et les mœurs actuelles d'un sol dégénéré, les traces de cette fameuse civilisation, prototype exagéré de toutes les autres; et dont se berçait encore splendidement l'imagination de l'Europe savante, au siècle dernier.

Il ajoutait, que ce que l'Inde moderne lui paraissait avoir retenu de plus remarquable de l'ancien et brahmanique Hindoustan, était une certaine tête colossale et sans doute rituelle de lion, dont elle coiffe ou couronne encore, il paraîtrait, la sommité de ses nouvelles pagodes ; si loin d'ailleurs de l'étonnante sublimité des premières, où l'art éventrait des montagnes pour dresser des temples monolythes à son idée d'unité ; si dégénérées des hypostases successives de ses cosmogoniques divinités ; de ce Verbe panthéiste, mêlé fondamentalement à toutes natures créées de la Terre et manifestées de Dieu, par ces mêmes Hindous primitifs, qui semblaient avoir tout deviné de la constitution de l'Univers.

En quoi peut consister la simple et majestueuse grandiosité de ces masques de lion ? De ce témoin de la plus ancienne théocratie du monde, laissé, quand toute chose contemporaine s'est éteinte et détruite autour de lui, sur le sommet de son granit d'hier, et de son idée sacerdotale de soixante siècles ? Témoignage, qui tant charmait l'imagination ébranlée de notre savant : lequel avait ou croyait avoir tout vu, sauf Délhy, la capitale prétendue de toutes ces merveilles ; la Ville Sainte, dont il n'osait rien préjuger, dans la crainte sans doute de dépouiller ses restes d'illusions.

Est-ce dans le caractère de tête que consiste cette fauve grandeur ? Dans le soulèvement harmonieux des crinières ? Le repos asiatique et fastueux des traits ? La limpidité océanique et profonde du regard ? Car il y a de tout cela dans le lion ? Cela ne m'a pas été dit ; ou je négligeai alors de m'en informer.

Il est certain que cette tête monstrueuse, qui raconte, et peut-être contient encore en soi tout le dogme de Brahm et de Brahma le Créateur, son lieutenant ; qui supplée, dans sa personne de lion terrestre, le céleste et Grand Inconnu des temps, ce lion à la crinière d'éternité, que le sentiment conçoit mieux que la raison ne le définit ; que cet emblême de la force, qui a porté symboliquement jusqu'à nous, les traditions d'un Dieu qui s'éveille pour la première fois à la ma-

nifestation de soi-même, et conçoit la créature ; il est certain
que ce symbole de l'art ne saurait, en effet, manquer de
beauté, de générosité, de grandeur de galbe, au sommet
perdu de sa religieuse pyramide, noyée de tant d'ombres à
la base.

II.

Je viens de heurter du regard et de la pensée : car il les
provoque et les remplit tous deux à la fois, le groupe d'Exposition nouvelle de M. Auguste Lechesne, on doit s'en aper-
cevoir à ce que je balbutie. D'être atteint avec notre Michel-
Ange de la fauve, de la fièvre du colossal : ce mal incu-
rable et glorieux du génie qui donne sa mesure. Demain je
serai radicalement guéri : à chacun le poids dans la proportion de ses forces ; aujourd'hui jeté hors de mes gonds et de
mes mouvements sur place, par la grande œuvre que j'ai
devant moi, je cède à mes vertiges d'entraînement et d'accès.

III.

Voilà le premier artiste vraiment cosmogoniste que je rencontre sur ma route ; depuis tant d'années que je le cherche
vainement et voudrais me fortifier à ses inspirations. Je le
sens à l'empire qu'il exerce sur moi, au tumulte des pensées qui s'éveillent et s'agitent au dedans de moi.

Nous pouvons différer sur quelques points de méthodes
de réalisation ; nous sommes de la même école dans des arts
différents.

Je tourne avec cette émotion d'âme qui n'appartient qu'à
l'œuvre d'art supérieure, autour du monument sculptural
du grand et zoologique Statuaire. J'erre, béant de révélation et d'initiation entrevue, autour de cette torsade de lions ;

de cette bible des grands chats, comme autour d'un colysée qui renfermerait et me dirait toute la grandeur de Rome ou de Paris. Comme autour de la base d'une spire colossale, d'une hélice animée et vivante, qui projette, en effet en se rétrécissant vers ses sommets d'ascension ardue, son Napoléon des lions sur son entablement, et dans un magnifique isolement de l'animal de colère, ou de calme de la force dédaigneuse, selon les qualités de la provocation.

Je cherche de quel côté le soleil projette cette ombre béante et sublime, pour m'orienter et m'aboucher avec elle. J'ai mon lion des sables ensemble et mon lion de la nue ! Inscrit dans la poudre pour l'abri de mon corps torréfié de rayons, circonscrit et élevé dans le bleu du ciel, pour faire dôme de crinières enthousiastes à ma tête brûlante de penseur. Mon lion, dont j'entends la semelle d'un pied formidable battre le sol étonné. Le front troubler les vagues zodiacales de l'air ébranlé. Dont j'entends la parole léonine, rouler ses flots de mugissements pour étendre et compléter la mienne.

IV.

Les Animaux vaincus par l'Amour (titre adopté par le programme de l'Exposition,), sont un de ces groupes rêveurs et puissants, qu'on devrait examiner comme on les conçoit : dans la solitude de son être et le recueillement de ses forces de contemplation : on a tant de chemin à parcourir et faire avec eux dans les profondeurs de l'Art et de la Nature ! Que sont nos pas de quelques instants, ordinairement pleins de distraction, où je retrouve imprimées par la création autour de son ciment de France ou de Rome, les traces incessantes, les sillons creusés et profonds du statuaire, que j'aurais voulu compter et recueillir les premiers !

puisque chaque sillon est une idée en application. Lessing
tourna toute une année autour du groupe antique de Laocoon, et ne dépensa pas moins d'un volume de veillées lit-
téraires et d'attendrissements, à nous dérouler cette âme de
douleurs. C'est ainsi que le commentateur parvient parfois à
se rapprocher, sans trop de désavantage de son modèle.
Bloc pour le statuaire, le groupe et la statue deviennent
bas-reliefs pour le poète ou le traducteur à la plume qui
enseigne et décrit. L'un procède plus dans l'espace, l'autre
dans le temps.

V.

Et pourtant ici rien de plus simple et de plus intelligible à
la fois dans cet abîme d'ensemble multiple et de création
complexe du poète sculpteur : tout y est unité.

Nous touchons, avec cette pointe tronquée de roche isolée
et primitive, au sommet des surfaces de la terre créée.

Avec ce lion debout et déployé tout entier dans son isolement d'espèce féline, et son isolement d'individu mâle,
nous touchons au sommet de la royauté animale.

Avec sa grande voix de proclamation, que l'oreille croit
entendre, et le lieu où elle s'adresse, nous touchons aux
sommités de toutes choses : à Dieu !

Nous touchons immédiatement à l'antre du lion, qui re-
pose ici sous les pieds de la brute majestueuse.

L'Antre, tout antre et formidable qu'il soit à aborder,
n'est plus ici un antre de pierre, fouillé dans le roc et le
flanc des siècles : le repaire de la fauve s'est dissimulé dans
le sein de Dieu ; l'*Alma parens*, croirait-on, commence
par lui. Il touche, ce semble, à quelque chose de pri-
mitif comme la pensée universelle qu'il exprime et renou-

velle sous le ciseau de l'artiste. Cet antre, ou mieux dit, cette aire de la lionne et de sa famille, est, comme toute forme initiale et toute loi de gestation en soi, une sphère circulaire ; une orbe de maternité et d'éducation ; une sorte de conque ou de coque d'œuf et d'éclosion, qui enclôt les petits jusqu'à parfaite formation.

Au dessus de ce nid de granite, et de cette auguste fonction de la lionne, le lion se pose et veille ; lui le fécondateur, le protecteur en chef de la famille, à la façon des aigles. C'est beau à comprendre et à voir. Ici les mesures et conditions de toute production comme de toute conservation animale, semblent avoir été véritablement prises toutes, et indiquées à la fois par l'habile artiste et le physiologiste profond !

Cet antre touche encore à un antre primitivé de la nature, par ces feuillages, dirai-je encorbeillants et palmés ; par les fougères de la famille des arborescentes, connues seulement de la nuit et de la Flore des houillières, dont ce nid, cette aire de l'Adam des lions a accepté l'enveloppe et la tendresse pour les siens. Au milieu de ses côtés de sécheresse formidable, c'est son côté ravissant.

VI.

Le groupe total du Statuaire symbolisant la loi universelle, est lui-même symbolisé en particulier, de la façon la plus heureuse et la plus hardie, par le choix des personnages principaux de ce drame cosmogonique, où se consomme à travers les instincts de la brute le grand et saint mystère de génération et de reproduction de toutes choses.

L'*Alma parens*, l'idée de maternité génésétique, de Grande Mère, de fécondité reproductive, est offerte et rendue ici avec une rare supériorité d'audace. Un de ces rêves de tendresse et d'attitude incroyables, on ne sait si maternelle ou si conjugale, qui font colosse et énormité dans l'esprit, pour peu qu'on s'y arrête, tant ils se rapprochent de l'attitude et de l'idée humaine.

Attitude maternelle, venons-nous de dire? Vous avez ici une lionne monstrueuse, aux puissantes mamelles. Renversée sur le dos, face au plan du spectateur, et tournée vers sa portée de lionceaux ; dont un s'attache à ce fauve giron, avec cette âpreté dévorante de succion, qui ferait frémir toute autre que cette mère, et dit toute sa race. L'auguste fonction, la grande fécondité, *magna parens,* comme on l'a nommée, étalant ici tout à travers la brute des forêts et sur une échelle affreusement sauvage, son nom, son enseigne, ses ineffables mystères d'amour, qu'on ne saurait plus désormais perdre de vue. Vous avez cette fontaine de maternité, qui appartient pour le moins autant à l'inspiration de l'artiste qu'à la création de la nature, dressée à l'entrée de l'antre comme un édifice de chair et de carrefour, aux multiples et sextuples mamelons, où peut, à ces sources lactées, se fortifier la soif de vivre, sans déshonorer du moins l'abdomen de la fauve ; et faire passer aux monstruosités le sein des mères, comme on a vu l'allégorie le pratiquer sur la Femme, dans nos Muséums [1] trop prodigues peut-être d'images emblématiques et d'idées de convention.

Conjugale, disions-nous encore il n'y a qu'un moment, de l'étrange attitude de la lionne maternelle?

Que le lion descende en effet un moment de sa colonne de proclamation actuelle, et nous aurons tout-à-l'heure une révélation non moins complète que la précédente : celle du génie de l'Artiste.

[1] Voir au Jardin des Plantes, la *Magna parens* de Buffon, au triple étage de mamelles, et déjà mentionnée.

Une révélation d'embrassements possibles, inimaginables, furieux, dont nous n'avions pas l'idée, que je sache ? trouvée sans doute par le Statuaire dans ses visites aux lions. Cette conception pleine d'audace, habilement dissimulée, mais néanmoins facilement entrevue, qui permet de promener la tête monstrueuse et les royales crinières du lion, sur l'une ou l'autre joue de la lionne renversée ; et de déposer le corps de l'époux frémissant de commotions électriques et de baisers, entre les bras noueux de son heureuse compagne. Atlhète effrayant de bonheur lui-même , qui tient, il paraîtrait, béant de fougueuse tendresse, l'amour sous ses flancs rugissants, comme il y presse et retient l'ennemi terrassé qu'il va dévorer.

Ce couple, dirai-je extravagant de beauté, d'énormité explicative et de génie, serait à lui seul le symbole des manifestations de la Grande Vénus et y suffirait, si les autres espèces ne concouraient comme lui pour leur part au même but, et dans une sorte de proportion voulue.

Heureuse et puissante idée dressée vers son double objet, dont on ne saurait trop féliciter le Statuaire : la maternité unie à l'idée de l'amour, cette moralité de toute passion charnelle. Ce qui sanctifie toute possession, réalisé ici sous la plus rude écorce des espèces et férocités animales possibles. La Maternité ? Sainte ! dans notre espèce qui ne connaît pas d'intermittences et de sursis, et où elle acquiert toute sa moralité ; sacrée ! dans les espèces inférieures, où elle a momentanément du moins, les respects de l'instinct, la protection du cœur et de toutes les entrailles de la brute pour s'y réfugier.

L'amour, en même temps, au point de vue l'Art : Sans avoir eu besoin de recourir à la recherche et poursuite trop directe des accouplements.

VII.

Nous venons d'ébaucher à la hâte, l'enseigne de la maternité et de la copulation conjugale entrevue, dans la lionne du groupe colossal; omettant une autre enseigne des lions, non moins saisissante que celle de la maternité (nous dirons plus loin à quelle occasion son déploiement et sa mise en activité,); mais moins importante, et d'un intérêt secondaire, à notre point de vue actuel; et que nous offre également le cadre et les premiers plans de cette face antérieure du tableau.

Qu'on se figure quelque chose d'oblong, d'elliptique, vu par son côté de revers; quelque chose comme une ove, un œuf allongé et charnu, terminé à son extrémité supérieure la plus étroite ou son petit bout, par un crochet de fer, formidable autant que régulier : on le croirait sorti d'hier de la forge. A déchirer tout obstacle opposé, à grandes entailles; et sorti mécaniquement de ce muscle charnu qui lui sert de gaîne. Recourbant sa pointe d'acier tournée vers vous, et menaçant l'air.

Qu'on se figure, non pas un, mais quatre de ces appareils mécaniques conjoints et proportionnellement semblables, épanouis en forme de trèfle quadrangulaire ou d'éventail, sur un talon unique ou une paume de main calleuse, effrayante de force musculaire, et de couleur cendre-brun-endurcie, qui leur sert de centre d'action, à ces doigts étranges et de point d'appui : et l'on aura quelque idée d'une patte rétractile et menaçante de lionne..

Bonheur sensuel de succion de la mère, ou menace affreuse à l'ennemi, l'appareil manuel et félin, n'en paraît pas moins terrible.

Une seule patte de fauve de ce redoutable format ; une machine de déchirement, onguiculée avec cette vigueur d'exécution, trouvée dans quelques fouilles d'antiquités, suffirait à faire la réputation d'un sculpteur du passé, quelque ignoré de nom et de preuves qu'il fût d'ailleurs, et à le nommer l'*homme de la patte du Lion*.

Il n'y a que la nature, capable d'inventer de pareils instruments de terreur et de mort. Qu'un ciseau michel-angesque, capable de reproduire de semblables engins dans l'art, sans sourciller d'effroi à l'exécution, et trembler en déviant des lignes régulières.

Ajoutez, pour prendre une opinion plus complète de cette férocité : car il doit être évident pour vous, que c'est cette malheureuse disposition organique des lions que nous entreprenons de faire sentir, ajoutez que ces doigts d'une si terrible espèce, que ces oves de cuir bronzé, que ces crochets d'acier qui les terminent, sont contenus eux-mêmes dans leur épanouissement et rétractilité alterne, par un cuir élastique et fort ; lequel contourne et surmonte chaque courbe ; et passant par dessus tout, ne laisse dépasser que cette série de crochets sanglants, pour descendre successivement entre chaque écart de doigt, et de là remonter vers l'autre doigt, en forme, que dirai-je, de flot mobile et tumultueux ? d'accolades creuses et profondes, surmontées elles-mêmes de poils rigides qui adhèrent immédiatement à ce bourrelet premier de cuir contractile et tané ; et constituent avec lui l'enveloppe externe de tout ce système de main formidable, qui agonise la dernière dans la fauve frappée de mort. Qui dépouillera tout un dos d'homme, d'un seul coup, de sa colonne vertébrale et de ses reins, dans une dernière convulsion : cela s'est vu, et vu tout récemment encore !

Si nous franchissons d'un bond, de cette patte isolée de la lionne d'en bas, à cette crinière solitaire du lion d'en haut ; et mesurons l'intervalle, ce semble incommensurable, qui sépare ces deux états :

Nous avons l'enseigne de la férocité unie ici à la maternité dans la lionne.

La grandeur et la pensée dans le lion.

Et comme cinquième terme, la terreur : une terreur sublime qui relie pour nous ces deux états ; remonte et redescend, s'épand et flotte du lion à la lionne et réciproquement. Cette férocité étant également inhérente et commune aux deux époux, en leurs saisons de colère, et mêlée à de plus généreuses passions. Férocité de la dernière évidence ici, dans cette gueule enhiante et torve de la mère, guettant au dessus de sa tête. Dans ce poignet rétractile et prodigieux, que nous avons admiré de tous nos yeux et de tout notre effroi.

VIII.

Les autres membres de cette société d'animaux anarchiques et féroces, que la grande fonction travaille à civiliser, accourent et se montrent de partout, comme si le lion tenait école de bonheur et de pensée. Rampent ou se traînent amoureusement, maternellement sur tous les tournants et versants de cette roche symbolique, et pourtant âprement réelle ; car on sent qu'on y déchirerait son œil ou son pied, si l'un ou l'autre s'y arrêtait.

Énormes et savantes perspectives du nombre vraiment, comme des lointains, qu'on ne saurait trop admirer, dans ce choix des attitudes et des mouvements des personnages, amenés sur les plans divers de son œuvre, par l'homme de génie. Une décimale de fauves, suffira souvent à tout cet infini de la pensée et de la vision rêveuse ; à cette spirale d'amour et de maternité, si vous comptiez bien avec elle ?

Tout, de ce lieu, et de cette conception, est ramené au Lion, qui en couronne le faîte. Tout, ramené à lui par ces masques féroces qui commencent à poindre, et viennent de lointains sous-entendus, comme aussi du fond de nombres incalculables, disions-nous tout-à-l'heure, que l'imagination suppose et supplée aisément : s'acheminant poétiquement par ces savantes sections côniques, que l'art sait se ménager dans le tracé et les tournoiements extérieurs de ses pics de montagne. Que d'idées, de détails saisissants, dans une seule idée pratique et forte !

On perçoit distinctement au mouvement tumultueux, à tout cet afflux de grandeur sauvage qui se produit sur cette face antérieure du monument sculptural, déjà si immense par l'idée, que c'est sa demeure à lui ? Le palais de ce roi ? L'antre de ses désirs satisfaits, le placement de son cœur reposé de père et d'époux ? Le seuil d'un royaume secret et approprié, qu'on peut regarder de loin ? Qu'il est permis d'éventer et flairer à distance de senteur et forte marée de fauve qui s'en élève ? Qui peut attirer même les appétences lâches et parasites qui vivent de ses dessertes et relaissements cadavériques ? Tout y converge, tout y afflue, tout s'y rend ; tout y est curiosité et rendez-vous pour les autres espèces. Mais aussi tout y est respect, vasselage, subordination pour tous ces animaux du témoignage et de l'hommage, semés autour de la royale demeure. Tout y deviendrait tremblement, s'il y avait, par méprise, irrévérence.

IX.

Une panthère de cette compagnie : cette vassale affamée et jalouse, qui prendrait volontiers les lambeaux de sa pâture dans les ongles souillés de meurtre du terrible monarque, si elle l'osait, passant sous le ventre, et débouchant tout-à-coup comme une eau carnassière épanchée entre les deux jambes de devant de son seigneur et maître parlant actuellement à Dieu, produit un effet cascadaire et tombant, singulièrement original, qui se relie, qu'on y prenne attention, à l'écoulement formidable et serpentant de la lionne tumultueuse et de ses lionceaux qu'elle allaite au dessous, sur le sol en ressaut du repaire. Et, par-là même, rend l'antre de la fauve, au moyen de cette continuité de lignes serpentantes, tout plein de la plénitude et de la majesté du lion qui parlemente au dessus. Il n'y a qu'un homme de génie, à qui il puisse venir de ces raccords et de ces idées-là.

La lionne, couchée à la renverse sur le dos, dans son amoureux office d'alaitement, ne se donne pas même la peine de se redresser en pieds à l'approche de ce carnassier curieux, parasite, ou ennemi, qui ruissèle d'en haut sur sa tête et sa jeune famille, vers laquelle il a l'air de se précipiter. Ce n'est pas même un danger sur lequel elle ait besoin d'envoyer son souffle. Elle se contente de montrer béant, il est vrai jusqu'aux yeux, le gouffre de ses quarante ivoires trempés d'acier ; et ses griffes rétractiles, plus déchirantes que des poignards, moitié sorties de leurs gaînes, et qui correspondent si admirablement à cette tête affreusement torve. Mouvement de halte-là, qui n'interrompt ou ne retient même pas son lait et sa noble fonction ;

dans le mépris et la vileté sans doute de l'ennemi, dont nous ne devinons pas trop ici le caractère ambigu, par un de ces artifices de style communs aux grands maîtres.

Panthère ou autre fauve quelle qu'elle soit, c'est une de ces ignobles faces aplaties de convoitise, de jeûne et de lâcheté, aux yeux demi-fermés, au museau cerclé de dents dissimulées, et fendu comme celui des reptiles qui se glissent à la suite de tous les campements de la force ; vivent de tous ses rebuts, et de tout ce qu'elle laisse tomber en route. Et qui disputerait ici le lait aux entrailles de la lionne, si elle osait en approcher.

Après cela, la peur, l'effroi des éclats et rugissements proclamateurs qui vibrent et retentissent au dessus de sa tête, peuvent tout aussi naturellement avoir déterminé ce clignotement d'yeux ignobles et fermés. Produire cette chûte subite à dos plat et courbé du pauvre passant, inaperçu d'abord ou caché dans l'ombre ; et sortant tout éclos, on dirait, du ventre plein de mépris de ce Brahma des lions. Se dégageant tout effaré d'un péril, pour retomber dans un autre.

Un autre écueil ou sentiment de péril, peut avoir suffi encore à cette déconvenue et ce retrait du pauvret, resté suspendu tout-à-coup sur son premier mouvement de fuite : l'épouvantail de ce poignet opposant et terrible de la lionne. De cette main droite dressée instantanément de tous ses crochets, à l'instar de la première décrite, devant la face de l'offenseur ou de l'imprudent ? Portes de fer et de terreur, qu'il n'est donné à nulle force, hormis la foudre et le plomb mortel, de franchir, quand une fois la colère vient de les épanouir et ouvrir pour le combat.

Il y a tout un monde de fauves, et de mœurs de férocité, un moment adoucies et mitigées, pourtant, par un autre

courant d'émotions et de passions, dans chaque nature, et
à chaque dégré de création ascendante de ce théâtre symbolique de la brute, érigé par un homme de génie.

X.

Un boa constrictor, de la grande espèce qui fait poutre et
arbre rampant dans les forêts du Nouveau-Monde : peut-
être aussi cercle de sagesse éternelle dans la pensée de l'auteur, enroulé avec sa monstrueuse femelle autour du socle
de ce travail superbe, reproduit ou inaugure, à sa façon,
l'idée totale et génésétique du groupe merveilleux. Et semble
dire à la pensée inquiète : Tu ne plongeras pas plus avant,
au-dessous de moi il n'y a que gangue et chaos d'éléments.

C'est vraiment saisissant et prodigieux d'art ! Quelque
endroit du poème du Statuaire que vous attaquiez de l'œil
et de la pensée, vous êtes payé tout d'abord d'incroyables
imaginations puisées dans les plus intimes confidences de
la nature ; et qui, de partout vous révèlent l'homme supérieur.

Ce couple de monstres, d'un limon animalisé on croirait
d'hier, sous leur enveloppe d'écailles émaillées de fantas-
ques couleurs sporadiques, se vautrent et se roulent dans
leurs amours d'enlacements et de fanges réciproques, à
produire l'étonnement. En prennent à tête horizontale et à
tête renversée. A gueule fendue de délices, et d'immondes
haleines, jusqu'au delà des bases fondamentales du crâne,
que l'orifice de la bouche de toute créature ne saurait dépasser dans les autres espèces.

Ils dardent tous deux, d'aise et d'abjecte férocité, entre
les doubles mandibules d'une ellipse dentaire affreuse, les
carnosités exagérées de je ne sais quelle langue inimagi-

nable, qu'on prendrait pour un battant de cloche retiré au fond de son airain : et dont les triples cordons de la sonnerie, qui ne sont autres qu'un triple dard, traînent et s'agitent convulsivement au-dehors, reliés au battant charnu de la cloche béante. On ne sait si cela souffle, siffle, darde, vibre, caresse ou rugit : car cela ne manque pas d'une certaine souplesse. C'est formidable d'effroi à voir, et commenter dans sa nature propre.

Les sensualités organiques d'un limon créateur, bouillant d'amour et de fermentation, sont toutes infiltrées et présentés, on n'en saurait douter, dans ces premiers nés de la boue, d'une si étrange et suffocante tendresse : noués ici à la tête ; renoués là bas à la queue prenante du couple animal, dáns ses embrassements du socle symbolique ; et les agitations frémissantes de son vaste corps et de son nœud commun, ivre de passion.

C'est beau d'effroi à voir : maintenant amoureux, comme pourrait l'être une nature entière, ce terrible et volumineux reptile ; qui, dardant à la fois toutes ses voix enthousiastes de l'orage du fond de ses repaires, faisait trembler tantôt la forêt ébranlée de ses divinations ; qui renversaitet déracinait les arbres centenaires au courant des torrents, et des trombes d'air et d'eau électrisée, prédites par le monstre, et qui pour cela est appelé *Boa devin*, Boa de la divination.

Beau et formidable à voir, maintenant dans une autre disposition d'âme, ce terrible étouffeur : Boa *constrictor*, qui fait éclater dans les échos de la forêt vierge, les os des grands aurocs, surpris et pressés entre les nœuds inextricables de son corps de reptile-monstre, et le tronc d'arbre vertical, saisi pour point d'appui. Qui prenait, d'une mâchoire décrochée à l'autre mâchoire dépendue et repue, de la nourture pour trois mois, prendre ici de l'amour pour un an ! . .

FACE POSTÉRIEURE.

XI.

La face antérieure du groupe cosmogonique est toute maternité.

La face postérieure, tout amour.

Le côté paternel ou maternel, comme on voudra l'appeler, a cet avantage sur celui que nous examinons actuellement, d'être tout protection, tout devoir, tout dévouement. Le mouvement général et cosmogonique de la composition, quoique profond en soi, mais dissimulé dans le lion même, ne soustrait rien de la permanence défensive et de l'éducation de la famille, objet principal et caractéristique de cette face du monument. Vous vous croiriez en plein foyer de maternité humaine et de civilisation de cité : c'est là ce que la brute semble en effet réfléchir de plus saint et de plus distinct, à sa manière, de l'univers.

Ici, c'est un autre aspect des choses. Le côté amoureux, moins arrêté, moins stagnant que dans les saintes préoccupations de la protection et l'allaitement des petits, ici même jusque chez le lion, a gardé plus d'entrain, de mobilité, de personalité ; plus de parcours de la terre ; plus de recherche et de poursuite d'une compagne : il est superbe ici de mou-

vement indiqué, inachevé, ce lion. L'amant y respire tout
entier au *verso* de l'époux et du père, que vous avez au *recto*
de l'autre face. Frappés tous les deux comme une médaille
unique, de main de maître. Pour moi, je trouve cela prodigieux, et comme un véritable tour de force de l'art.

XII.

Un autre grand type animal, de la puissance du lion,
dans une espèce limitrophe, et destiné sans doute par l'artiste
à faire équilibre et pendant à celui-ci ; un grand tigre fauve
et rayé, de la sveltesse et de l'élan de cette idée d'amour
et de poursuite, vous apparaît, et s'empare ici de toute l'attention, sur un plan scénique inférieur au premier. Se frot-
tant amoureusement le dos, sous des faisceaux pendants et
palmés d'herbages amoureusement provocateurs ; et à tous
les angles mousses de cette terre australe, embrâsée de feux
érotiques.

Type moins sévère en soi ; moins rigoureusement som-
maire ou sommation d'animalité, il se glisse rugissant de
notes équivalentes de proclamation, et d'un même mouvement, à la suite du beau lion suspendu sur sa tête, et qui l'a
devancé sur la montagne.

Toutes choses des conceptions du grand Sculpteur, ont
gardé les proportions des choses de la nature.

Le Lion, comme un chêne robuste en plein soleil, a
son aire ici en plein air : il est la royauté de ces espèces terribles.

Le Tigre a plus besoin, lui, de l'antre, du repaire protecteur facile à défendre et à se dérober : sa royauté n'est
que de second rang.

Moins éloigné des origines, d'un autre côté, il rend mieux

compte, ce me semble, de l'être actuellement animalisé, mâle et femelle, s'émergeant des ciments et enveloppes terrestres, où ces couples étaient sans doute contenus en puissance et attendant leur moment ; avant que ceux-ci se fussent durcis tout-à-fait, pour fonctionner selon leur loi, et où ces espèces ont conservé ou pratiqué leur antre.

Au dessous du beau tigre, une autre fauve : sa femelle sans doute, ramassée en un raccourci de ses membres noueux et rampants, se dégage des pressions du cintre caverneux et surbaissé du repaire, nous montrant sa tête difforme pleine de rugissements qu'elle pousse dans la même direction, et en passant sous le ventre de son prince étendu, lui, transversalement dans toutes ses grâces sauvages de développement et de hurlements attractifs et félins.

Ces ouvertures de gouffres rugissants admirablement pratiquées de mâle à femelle, dirigées et savamment graduées par l'art, nous initient peut-être encore moins à la terreur et l'horripilation qu'elles excitent, qu'elles ne semblent conçues comme des profondeurs caverneuses d'échos, où tombent et se répètent les voix égarées et prolongées d'un tonnerre lointain venu d'en haut, et appartenant au lion amoureux.

Cette figure de brute féline femelle, à demi refoulée et rentrée sur elle-même, comme ces géants qui étouffent, enfoncés à mi-corps dans l'angle aigu d'un fronton de temple, où ils n'ont pu trouver leur place, et dont cette compagne du tigre nous donne l'idée, achève l'expression étrange et éminemment monumentale de ce groupe incomparable et particulier. Moitiés agaçantes au suprême degré, d'un tout énorme ; béantes, formidables, superbes, que ces tigres des deux sexes, acheminant une passion et une idée, loin de l'antre obscur, par on ne sait quels âpres sentiers contournants, vers une région brillante et plus élevée, dont elles répètent les sons rauques et la pensée indéfinie, à grands renforts de souffles désordonnés et de basses mugissantes.

A poser les yeux, et se laisser entraîner à ces hélices et groupes mouvants d'animaux terribles et ascendants, on se sent pénétrer de frissons, d'enthousiasme et de force.

XIII.

Les grâces de la force et de la puissance animale, revêtues du colossal, n'ont jamais été portées plus loin que dans ce tigre mâle, en mouvement de marche et d'inspiration amoureuse! M. Lechesne, semble un homme que le dénigrement envieux a long-temps fatigué comme tant d'autres, du nom consacré de Michel-Ange, et qui l'a voulu étouffer en le surpassant. Et le merveilleux est qu'il y ait réussi.

Il s'est montré même ici, plus riche d'imagination et d'harmonie plastique que ce maître, auquel un peu de sécheresse et de tension des musculatures peuvent être justement reprochées.

Le colosse ou colossal, qu'on le comprenne bien, n'est point dans le volume et le poids charnu du muscle et de l'os ; ici néanmoins partout considérable : ce qui ne serait qu'une énormité ! Il est tout dans la conception et la fierté solide du membre. Dans ces indomptables hardiesses du mouvement et de la pose. De l'écart d'une jambe de devant du tigre, à l'autre du fier animal qui va la suivre, il y a toute une théorie d'audace et de sublimité.

Et le prodige de l'art, c'est qu'on sent distinctement, que nulle fauve en nature et vivante, n'a pu poser dans de pareilles conditions, comme ferait un froid modèle ou manequin d'homme d'atelier ? Que pour arriver à une aussi haute expression de la vie, il a fallu inventer, recréer à nouveau toute la nature de la fauve.

XIV.

C'est peut-être une illusion de poète : mais il nous a semblé, pour l'exprimer en passant, qu'en jetant avec une sage profusion les palmures rigides et inclinées de ses végétaux, sur le granit arénacé de ses antres et le dos frissonnant de ses tigres, le multiple sculpteur a pensé aux pennes des grands aigles tentant les cieux ? Peut-être même encore aux déploiements sacramentels du globe ailé d'Isis, la grande mère, l'*Alma Parens*, d'un si magique et mystérieux effet au front des temples de l'antique Egypte ?

Certes, le commentateur enthousiaste, peut aller hardiment et fort loin dans l'éloge et les sensations d'art, sans crainte de dépasser les bornes, en présence de ces poétiques et précieux amas d'orchydées, de mousses efflorescentes attachées au rocher ; de palmiers à feuilles retombantes ; de fougères arborescentes penchées vers le sol avec des grâces infinies ; de roseaux à quenouilles gigantesques ; de monocotylédonées de toutes formes, placées aux portes de ses antres. Tous ces végétaux, d'une Flore tropicale et ravissante, rayonnants comme des cocardes ; flexibles comme des colerettes ; souples et ouvrant leurs mains palmées comme des éventails ; leurs doigts affectueux comme des caresses à la brute : riches concepts floraux du sculpteur, qu'on serait tenté de cueillir, s'ils n'étaient pas en si redoutable compagnie, s'épanouissent avec un rare bonheur, sous les pieds de ses fauves et de ses idées, comme des patères d'or ciselé surchargées d'opulentes offrandes à la muse, à la nature.

Il est certain qu'ici nous sommes en pleine production et réflexion du monde ; d'un monde *sui generis*, qui atteint toutes les intelligences à la fois, jusque dans les moindres draperies que le Sculpteur a su ménager à ce cosmos ou monde de poète.

Qu'il a songé aux épousailles des trois natures, animale, végétale, minérale. Que les trois règnes, sont venus naturellement et comme d'eux-mêmes, se placer sous le ciseau de l'artiste cosmogoniste, dans cette docte largeur et ce fier raccourci particulier à l'art de la Sculpture, ménagère du terrain, qui sait nous montrer toute une forêt dans un tronc d'arbre, sépé des couperets du génie ; toute une montagne dans un pan de rocher ; toute une zoologie dans les quatre membres de quelque animal colossal.

Non moins certain, pour nous, que toutes ces choses se sont produites d'elles-mêmes et naturellement ici, comme autant de marche-pieds propres à exhausser la principale figure, la figure terminale et culminante du lion.

L'idéalité n'a jamais mieux pénétré la matière ; le réel mieux accusé extérieurement son symbole. Ce poème, est un temple de la Nature des choses, construit avec des antres, des fauves et de la végétation. Une montagne mouvante, mise en marche, dirai-je, au moyen de ses populations, et remuée de la base au sommet, par une idée une, souveraine.

Et qu'on se le remette en mémoire : cette spirale pleine de génie et composée de tant d'éléments divers ; ce marche-pied d'une grande idée et d'une grande figure, part du reptile ; part de la boue plastique et originelle de toute création, étendue au dessous de ces terribles boas, pour monter à Dieu, et passer par cette brute collective des grands chats, détachée ici de la société totale des autres animaux ses congenères, et arriver à ce lion plein d'autorité que voilà, dressé au-dessus de nos têtes.

Tout grand artiste, commé tout grand philosophe ou penseur, finit toujours par être panthéiste, s'il n'a pas commencé par là.

Dieu lui-même, le souverain, le parfait, le complet Artiste, à ce point de vue, n'a pas deux lois pour la manifestation et le symbolisme de lui-même ?

LE LION.

XV.

A mesurer et parcourir attentivement la conception de M. Auguste Lechesne, ce n'est pas une exagération de poète, que de dire que son lion, qui la résume toute et lui sert de couronne, est un véritable lion cosmogonique, génésétique, arrêté et fixé par l'Art et la Nature dans ses vaillants instincts et ses plus nobles destinations. Un lion, comme au temps de Brahma, du commencement et de la fin des choses ; mesuré par la création à la royauté des forêts et du désert. Né des puissants ferrements de l'*humide* et du *sec* (expression biblique), à qui le créateur de l'ensemble et du tout, paraîtrait avoir dévolu dans sa sagesse, cette partie importante de son office suprême dès le commencement.

Le roc lui appartient bien en propre. Il en a pris possession. On sent que rien au monde n'est capable de disputer l'occupation du granite, à ce roi issu d'une création d'ordre plus élevé que la pierre et le végétal ; et classé si haut de sa personne dans l'ordre des forces brutales de la nature. Quoique procédant des mêmes racines terrestres, de la même gangue, d'un même principe d'ascension et de développement du limon, digne de la cause première qui l'a conçu, qu'il est fils de la chair et du sang. Et a pour lui un degré de plus, une face autre et plus étendue de la loi cosmogonique.

XVI.

Le voici, lui le Lion, seul à seul devant nous.

Ses puissantes crinières ruisselantes à différents vents, soulevées dans leurs parties et distributions à divers orients, descendent le long de ses tempes et de son front, comme une harmonie de plus avec le cosmos végétal. Il se rattache encore à lui, par son poitrail ou fanon à larges et onduleuses torsades, pour ainsi parler, herbacées. Sa crinière supérieure, celle du cou, celle du combat, elle, correspond à l'autre idée hémisphérique d'en haut ; au déplacement de la brute terrienne dans le ciel aérien, qu'elle traverse souvent avec l'essor de la foudre, quand il lui arrive de charger l'ennemi.

L'attitude de ce lion tout proclamation, a, comme exactitude physique de l'animal, cette bonne fortune de conception d'artiste, de nous donner l'idée de ce puissant et métallique ressort, qui lance la fauve dans l'espace, quand une fois il se contracte et se détend après une proie. Ce qui doit l'aider encore puissamment à faire éclater les airains de sa voix tonnante.

Il semblerait, à le voir faire ici, cou tendu, tête levée, et crinière retombante sur l'épaule, qu'il se croit à peine assez de souffle et de timbre pour sa proclamation ? — Et moi, pour ce que je vois et je sens, a-t-il l'air de dire : je suis aussi une sphère d'activité ; une œuvre méditée et procréée à mon heure, de la cause suprême !

C'est mieux que le lion guerrier de Richard Cœur-de-Lion ; mieux que le lion ascétique de saint Jérôme ; que le lion des protections des fosses de Daniel : c'est eux tous ensemble. Dans une seule personnalité. Le lion capital, le lion culmen, le lion porté ici comme au sommet de son temple panthéistique et de sa pyramide de fauves inférieures, dit au jour, au soleil, à la terre, son bonheur d'être actuel et personnel, ensemble et le bonheur de tous.

Le symbole ou l'art de symboliser, n'a jamais été porté plus avant. Il offre à l'Éternel-Dieu, on dirait, avec reconnaissance et en les élevant à lui dans leur nid de feuilles de palmier et de molles fougères, les premiers nés de sa famille, pendus à la mamelle gonflée de leur mère. En même temps que son hommage propre d'admiration, de pénétration, de possession intime de lui-même par la grande cause. Ici un saint Jérôme, un Daniel seraient respectés ; y vivraient en communauté dans la compagnie des lions, et parfaitement compris du lion.

Il y a ici comme une puissance secrète de théogonie indienne, qui tantôt, on se le rappelle, me faisait embarras en commençant, et que lui a communiquée le ciseau de son créateur actuel. Voix, étrangeté et profondeur du regard ; arrangement des crinières et courbure des arcs partant du dos et de la poitrine ; attitude altière et redressée, solaire, interrogative de la tête, l'artiste a fait de son lion un penseur, un penseur en action, parce qu'il est penseur lui-même. Qu'il a la Pensée, c'est-à-dire la plus auguste rêverie qu'il soit donné à l'art de formuler dans le monde des choses créées et symbolisées.

XVII.

Point de ces bruissements somnolents d'une organisation toute de tempêtes, qui tombent des souffles du lion en marche, et font l'effroi du désert. Point de rugissements. Il ne roule point les tonnerres indéfinissables de sa voix, qui font de cette large poitrine et de ce gosier dévorant, une caverne ou un sépulcre : il brame. Comme tout ce qui salue de loin son astre, et porte son adoration et son cœur à distance. Il acclame et proclame à la façon des fauves. Il est la majesté qui parle ici à Dieu, au nom de la majesté des lions. Fauve, roux, noir, il a la triple détonation des nuances de sa formidable espèce. La note effrénée et superbe engagée dans la gorge, qui l'unit à la nature entière des brutes, et en fait leur magnanime représentant.

Il est entré dans cette grande et vivante communication, quelque chose d'immense et de mystérieux ; quelque chose d'un entretien, que tout le monde suit, croit entendre et porter dans les plèvres émues de sa poitrine d'homme, comme lui.

A la double limite de deux espèces[1] également fortes et intelligentes, par sa structure osseuse et une sorte de générosité de membres, il parle pour deux natures. Pour toute la nature. Il a l'accent âpre et torride, la voix de flamme et d'incendie, voilà toute sa différence au milieu des autres. Il est une voix, un type de la transmutation des espèces. Il est l'or fauve et roux des grandes espèces félines. Toute la mine des grands chats, qui s'est élevée progressivemsnt jusqu'à

---

[1] On sait les dissidences d'opinion de Buffon et de Cuvier à l'égard du Lion : le premier le rapportait à l'espèce canine, le second à l'espèce féline.

lui, rayonne, se distribue et rampe au-dessous ; à la plante de ses pieds formidables et sous ses flancs de lion.

Demandez-lui le mot qui est répandu et fragmenté dans tout cet orchestre de rugissements et de hurleurs subalternes, dont il marche entouré ou traîne la pompe sauvage après lui : et il vous dira ce mot ; et il frappera d'unité sonore cette note unique, dont il est le centre et la tonique.

Il est beau ! vraiment beau ! trois fois lion, vu, du côté de l'Orient, du côté de l'abouchement où lui-même est tourné.

L'oreille qui l'écoute d'en bas, face à l'embouchure d'où s'échappe ce fleuve de rugissements, inclinerait presque à croire qu'il a des hantises avec son homonyme du zodiaque. On cherche involontairement des constellations lointaines et scintillantes autour de la tête de ce colosse. Autour de cette créature solaire, qui unit, enclôt et confond la puissance de l'ouïe, du regard, de la parole, dans l'encadrement et les flots de la plus étonnante chevelure, dont la création ait doté l'animal. On est presque étonné de ne rien surprendre de bien distinct autour de cet orage de crins, tressés et suspendus là haut, en façon de langues de trombes, qui descendent par ondées vers la terre, du cercle, on croirait, d'une tête de quelque vieux brahmane en prière orale, ou de Brahma l'hypostatique lui-même proclamant la création. Et qui font ici tablier de terreurs et de respects, au poitrail et large fanon du colossal animal, pour quiconque, comme nous, le contemple et l'admire dans sa nue, et au-dessous de son ciel étoilé.

Cette pose audacieuse, ce côté véritablement de l'abouchement que nous invoquions tantôt, et qui place le Lion sur un sommet extrême de rocher, au-dessous duquel il n'y a que chûte et précipice, sans rien ôter à sa valeur de mouvement et rien diminuer de notre confiance, achève et complète l'illusion.

XVIII.

Nature, symbole et apothéose tout ensemble d'une idée, le grand caractère de tête du Lion nous a toujours jeté dans l'étonnement et la fièvre des rêveries. Cette puissante face au repos, est celle d'un Homère singulièrement agrandi, qui médite. Une Illiade des fauves, en sortant de ce vaste réceptacle cérébral de passions, ne surprendrait personne. Ce regard limpide, profond et doux, mêlé de quelque chose d'impérieux et d'altier, s'il vient à se troubler et s'allumer d'éclairs, est le combat, la lutte irrésistible ; un masque grandiose de conquérant, dont nous n'avons point eu à rouler les tonnerres, puisque le Statuaire n'en a pas fait son thème actuel.

Quant la Grèce et le mont Olympe, étaient peuplés, à mi-chemin de l'âge de notre monde connu, de fauves héroïques et de monstrueux héros, ces rudes crinières que nous admirons, crépitantes de génie et d'électricité sous les mains de l'Artiste, ont coiffé des têtes olympiennes, pour en achever la puissance. Les flots de la mer en courroux, se couronnent même encore de leurs enroulements écumants et soulevés, pour parfaire l'expression de leurs menaces et des périls de l'Océan, cet autre lion de l'invention de Dieu.

Qu'on examine de près cette Fauve. La physionomie et le grand caractère de tête du Jupiter Olympien, tant de fois cité de l'art, ont plus emprunté au Lion, que la majesté de celui-ci, naturellement formidable, n'aurait à emprunter à l'homme, pour se compléter de traits et de physionomie, à se faire olympique comme le premier : quelques corrections et développements de la partie inférieure des mâchoires et du raccourci brusque du menton, qui animalisent trop la brute, y suffiraient.

A l'Art, dans sa souveraineté créatrice, après nous avoir formé la tête de son Jupiter commoteur de l'univers de celle du Lion : la plus admirable idée qu'ait eue l'antiquité, de réextraire des éléments composants de ce même masque de l'Olympien, par le procédé inverse, la tête du lion ; à laquelle, francs panthéistes de l'art et de la création, nous ne tenons pas moins peut-être aujourd'hui, qu'à tous ces dieux de l'invention de l'homme ; et de nous la rendre dans sa pure et primitive majesté.

XIX.

Qui oserait affirmer : à moins que d'être un ascète ignorant de l'ancienne thébaïde et de la décrépitude du monde romain ; ou un méprisable stylite des Indes modernes, immergé dans les rêves et égoïstes contemplations de l'homme, auquel il rapporte toutes choses de Dieu, que cette noble créature, à son jour, à son instant de rayonnement propre, n'est pas orientée à l'astre maître ? Visitée, pénétrée, envahie, occupée de Dieu ? Que le Lion n'est pas devenu un penseur ? A l'heure marquée surtout ; où une pensée sainte, universelle ; uniforme et conforme ; involontaire et instinctive ; de reproduction et de perpétuité ; s'est glissée sous ce vaste front, et parcourt l'orbite éternelle de ses gravitations sous ces durs sinus frontaux ?

Est-ce que le Dieu de l'Univers n'est pas le Dieu de toute créature et création? Le Dieu de ses manifestations propres à lui? Le Dieu que tout ce qui a vie et souffle, doit entendre, consulter et porter plus ou moins distinctement au dedans de soi ? Est-ce que ce qui est à l'état de permanence chez l'homme, ne pourrait pas avoir ses apparitions, ses intermittences dans la brute ? A l'époque surtout, disions-nous, des solennelles rénovations de son espèce et de son individu ?

C'est ce que l'auteur du groupe plastique que nous venons d'étudier, paraît avoir entrevu avec un sentiment profond d'art et de philosophie, en créant et élevant son colosse de lion proclamateur et plein de pensée, sur la crête parlante de sa montagne.

L'*Alma parens* de M. Auguste Lechesne, est l'œuvre de plus de génie, dans son espèce, que les arts plastiques modernes nous aient encore offerte.

LE STATUAIRE.

ALLÉGORIE ET SYMBOLE COMPARÉS.

XX.

Je n'ai rien exprimé jusqu'ici d'un blâme, le seul que cette vaste composition m'ait paru encourir. J'ai, même essayé, en portant mes mains inhabiles sur une pareille œuvre, d'indiquer les corrections que je pouvais croire utiles, et qu'il serait facile au Maître d'y pratiquer.

Et pourtant j'ai besoin de m'en expliquer, de formuler ce reproche ; car il en ressort toute une théorie d'art, où, sur un seul point, je me trouve en complète dissidence avec l'illustre maître que j'ai cru bien comprendre.

Un effet total, grandiose, manifeste, que je nommerai Symbole ou Symbolisme, se révèle et vous saisit ici au premier abord : tout ce groupe colossal est fouillé, arrêté, rehaussé avec des lignes brahmaniques, égyptiaques, bibliques, puissantes ; avec la grande bible des naïves primitivités de la nature. Je retrouve ici les hiéroglyphes poétiques et religieux de mon Ingénieur enthousiaste de l'Hindoustan. J'y vis en pleine famille des lions : je n'oserais dire d'Eden, ceux-là étaient trop des lions de convention, inconnus évidemment à la terre actuelle des hommes. J'y découvre et retrouve cette puissance philosophique de la cosmogonie indienne, la plus avancée de toutes, que je croyais perdue ; comme si en effet rien pouvait se perdre des découvertes et affirmations raisonnées de l'homme ?

Sous tous ces pelages et toutes ces écorces des trois règnes qu'on embrasse ici d'un coup-d'œil, et qui se prêtent mutuellement assistance et poésie dans les ciments du Statuaire, vit une âme ; une âme sous chaque forme, une idée dans chaque détail. M. Auguste Lechesne, en fait de renouvellement d'art et d'avenir entrevu, est, lui aussi, un grand prophète, un puissant brahmane, un profond exécutant. Chacune de ses œuvres passées, chacune de ses fauves actuelles, prise en elle-même, est une ode, un psaume, une étude, une oraison vivante à la cause créatrice éternelle. Antres de pierre, antres de végétaux primitifs, antres de rudes et granitiques animaux, son groupe dernier a mis toutes ses crinières léonines en sortant tout formé de sa tête de Statuaire : qu'il laisse donc la crinière et le Symbole suspendus où ils sont. Qu'il ne vise pas à des imitations d'ordre inférieur ; à des emblêmes et allégorismes usés surtout.

Et c'en est un de l'espèce, que ce frêle papillon mythologique, que cet amour tombé et noyé au milieu de cette mer sublime de férocité. Qui, tout frais et brillant de grâcieuseté qu'il soit, n'en est pas moins incapable de soutenir le poids hyperbolique d'une telle composition et lui servir de centre moteur.

<h2 style="text-align:center">XXI.</h2>

Ce qui rend par dessus tout recommandable théoriquement ce travail, c'est qu'il comporte son symbole en soi sans avoir déserté la nature et ses réalités. C'est mieux qu'une allégorie, c'est la chose et son idée tout ensemble, mise en œuvre. Ce groupe est une grande métaphore en pierre et en nature, qui n'en admet point d'autre comme explication d'elle-même ? Pourquoi donc, dans un détail malheureux, selon nous, recourir à des expédients vieillis ?

L'auteur croit-il, par exemple, que le contemplateur ou rêveur quel qu'il soit, en présence de son groupe colossal, échappe au rapprochement infaillible de la lionne-mère et de cette belle statue explicative, encore bien qu'un peu froide, de la Nature : la *Grande Vénus* de Buffon, la mère nourricière et procréatrice des hommes, que le curieux réchauffe tous les jours de ses regards au Jardin des Plantes ? L'auteur y a mis beaucoup trop de puissance et de chaude originalité de talent pour cela ?

Toute l'enseigne du groupe de M. Lechesne, qu'il a cru devoir prendre ailleurs, est là. Dans œuvre. Incorporée à lui. Gonflant toute son œuvre de son nom, avec le sein mammaire de sa lionne : la Grande-mère, la grande maternité, la grandeur procréatrice, que tout le monde y peut lire.

XXIII.

Nous devons pleine franchise à l'homme fort. L'annonce ici, le titre officiel d'adoption, est loin de répondre à la sévérité pleine de profondeur de la composition du Statuaire : *L'Amour domptant les bêtes féroces !* L'allégorie, en matière de reproduction des choses de nature, est fort au-dessous du Symbolisme : et ce chef-d'œuvre est tout symbole, tout nature.

Ce titre subalterne, ne distingue pas assez la Grande

Vénus de la petite Vénus des sensualités : faute où Lucrèce lui-même était tombé. Ne précise et dinstingue pas assez la loi des grandes et instinctives amours, échues au monde entier, des appétits particuliers ; le mythe auguste, du mythologisme : sorte de métaphore de l'art plastique et pictural, comme de l'art du rhéteur, par lequel l'antiquité réalisait le mythe. L'Amour et Cupidon se touchent de trop près dans ce système adultère. Mars, et la Mère des voluptés et plaisirs charnels, sont trop en contact dans leur cage de fils d'or, où un dieu symbolique, moins railleur peut-être encore que supérieur, les enferme et les retient, pour les offrir à la risée ; ou nous enseigner quelque chose de mieux, de plus grave en amour.

La sève qui monte à la cime des forêts ; la fraîcheur vivifiante et tiède qui va coulant dans le lit des ruisseaux naguère hyvernants et à peine dégourdis des longs frimas ; la Vénus qui dormait tantôt et vient de se réveiller tout-à-l'heure sous la robe hérissée de terreurs de ces fauves bramantes que voilà ! n'est pas l'*Eros* allégorique de nos boudoirs et de nos molles alcôves, pas plus que des marbres efféminés de quelque parthénon. Cette idée de bas-relief et de métope de frise, proprement dit, fait tache au beau milieu de ce noble travail. Fait petitesse au milieu de cette condensation des traits de la Grande-Mère, de l'aïeule de toute maternité et reproduction, que chacun se figure aisément, dont le masque idéal et divin, penché de haut sur ses lions, et les cheveux striés d'ébène et de fils d'argent retombants à larges flots, enveloppent de lumière et de symbolisme toute l'œuvre magistrale du Statuaire.

L'amour qui se manifeste sur tout le parcours de cette longue spirale de fauves et de poétiques visions, est plus amour que l'amour lui-même. Il est l'austère religion de la nature. Religion sans acception d'espèces. Religion sans exclusion de règnes. Il est la vision profonde et pratique du sculpteur lui-même, puisée au sein maternel et fécond de l'ensemble de toutes choses : car, si l'expression dans l'art est extérieure, le sentiment qui la révèle cette expression, la pensée qui la donne et la réalise, est toute d'intuition, toute de mouvement interne et intime. Le génie vit et s'organise à cette double frontière. Le fluide vivificateur, qui circule dans toutes les veines de ce groupe incomparablement exalté et vivant sorti des mains de l'art, est mêlé autant de sève, que de lymphe et de sang ; le statuaire reproducteur est entré à plein génie dans les secrets et le sérieux de sa force et de sa foi d'artiste : pourquoi n'y pas demeurer ?

XXIV.

En serait-il de notre admirable sculpteur, comme il est arrivé tant de fois d'autres hommes hors ligne : ce que je ne saurais admettre ! où souvent il est entré dans leurs créations toutes d'inspiration et de spontanéité irréfléchie, plus qu'ils ne croyaient y avoir mis ?

L'Instinct, en effet, dans les conceptions d'art comme dans la nature, comme dans la plupart des hommes, est une moitié de l'intelligence : si nous nous autorisons de l'œuvre entière de Dieu même, ensevelie dans l'argile ; et qui demande, de continu ou avec intermittence, selon le sujet et l'espèce, à se projeter hors de soi par des actes et des réalisations qui lui fassent progrès et échelle d'ascension ; à se considérer du point idéal et plus élevé de son complément : l'Intelligence, où tout instinct et de l'instinct en définitive vient aboutir. On devine souvent autant qu'on invente ou qu'on découvre. On *intelligentie*, qu'on me passe le néologisme, autant et plus qu'on ne sait et qu'on ne voit souvent : proposition dont je me refuse absolument ici, je l'ai dit, à faire l'application.

XXV.

Le Statuaire d'*Alma parens*, je ne sais s'il en a le sentiment distinct, tient, par la nature propre de son talent, beaucoup du Mythe, c'est-à-dire du complet, dans tout ce qu'il entreprend . fort peu de la Mythologie proprement dite, et je l'en félicite. Sa langue est plus sincère. Le puits d'où il sort ses conceptions et les rêves de son génie, plus profond. Je le blâmerais fort, s'il était le premier à méconnaître l'étendue de ses facultés.

L'auteur n'a eu qu'un tort, le tort grave, je dis grave vis-à-vis de son talent, de recourir dans la confection de son œuvre de sculpture, à la méthode de l'Allégorie et à la méthode du Symbole à la fois : deux procédés d'art qui hûrlent presque toujours de se trouver ensemble ; et où l'un doit, dans l'emploi radical qui en est fait, être nécessairement sacrifié à l'autre.

L'Allégorie est la poétique des faibles. Très-certainement de génie étroit en soi, malgré ses grâces incontestables et quelquefois appropriées : car l'art a temps et lieu pour tout. Un jeu de l'esprit qui tient lieu, sans la remplacer, de la puissance des réalités. Une explication qui n'est pas même toujours explicative et vraie : vraie de la véritable vérité.

L'Amour domptant les bêtes féroces ?

Et le lion, par un rugissement de bonheur, annonçant à la Nature la victoire de l'Amour ? Nous copions avec exactitude le programme de l'exposition.

Comment *domptés* par l'Amour? Vis-à-vis de nous? — Ou vis-à-vis d'eux? — Ils ne sont, pour nous, que plus dangereux dans la saison du rut. Ils ne sont, pour eux, que plus implacables et plus tenaces dans le choc de leurs rivalités; que plus féroces et plus déprédateurs pour la contrée entière, durant tout le temps que s'accomplit la nourriture et l'éducation des petits?

Domptés par qui autrement, je ne vois pas trop l'issue de cette donnée? Par l'Amour? Remarquons, en passant, que cet amour abstrait et victorieux, est un enfant de chair et d'os, comme le premier venu; avec les petites aîles obligées, entré en fonctions d'une grande et terrible peine vraiment!

Domptés par l'Amour, et par la Maternité, eût-il fallu ajouter au moins, si tant est qu'on tienne à une victoire et au triomphe d'une Allégorie: qui n'a jamais rien dompté, que je sache?

XXVI.

Voilà bien du tapage, pourra-t-on dire, pour un faible enfant? Ah! c'est que ce pauvret èst toute une poétique en soi. Que ce petit païen de vieille date, est une cause de véritable scandale, pour une religion d'art, désormais consacrée de nos temps nouveaux? Et certes, moi Statuaire, surpris en pareil péché, je n'hésiterais pas, je vous assure. Je ne serais pas plus emprunté que Desbarreaux, un vendredi saint, à faire taire les carreaux de la colère littéraire, et me débarrasser brutalement de l'omelette au lard: il y a toujours une fenêtre ouverte sur la cour (*al corral! al corral!*) pour y envoyer ses mauvaises conceptions comme ses mauvais livres.

Le Symbole souvent est nature, l'Allégorie ne l'est jamais. Dans l'art intime et nouveau que nous préférons, et que pratique avec tant de superiorité M. Lechesne lui-même (nous l'avons fait voir amplement dans la première partie de notre Etude, nous qui ne marchandons pas plus l'éloge que le blâme au succès mérité), dans l'art nouveau, disons-nous, l'animal, saisi, pénetré, obsédé de ses instincts et passions, devient son propre symbole. Sa propre explication à lui-même. Une éloquence irrésistible et propre à lui, pour quiconque l'écoute et le voit faire. Et cette langue-là n'a pas besoin de la torture des mots ; du détournement des sens ; du mélange et de l'amalgame ou convention souvent indigeste des idées : la nature est plus grammaticale et plus explicite souvent que le plus beau trope de langage. Le sujet vivant et agissant se pose et agit, et tout est dit. L'art ici c'est la nature prise sur le fait et dans ses plus secrètes intimités : et celle-ci, soyez-en sûr, s'allégorisera toujours d'elle-même. L'aîle de Psyché, les grâces enfantines de l'Amour érotique, sont une production conventionnelle de notre esprit, sans conséquence, nous l'avons déjà exprimé, qui ne dérange rien au cours naturel des choses ; mais qui n'y ajoute rien non plus, et qui, le plus souvent, en diminue l'éclat et la vérité : Phébus, avec tout son glorieux attirail mythologique, n'a jamais valu ni remplacé le Soleil dans son parcours astronomique, et l'ample embrâsement des cieux et milieux créateurs terrestres, où tout est un produit on relève de son action rayonnante.

XXVII.

L'Art ne saurait donc s'inscrire en faux et donner un démenti à la nature. Les transcendances de méthode aux conceptions transcendantes ; les petites aux petites. L'Allégorie au menu de nos idées, le Symbole à l'énormité volumineuse et l'évolution à longue portée de nos pensées fortes. Et ici, nous trouvons de quoi sastisfaire pleinement à ces dernières conditions.

Le poète-statuaire, emporté sur l'aile de ses méditations et de son sujet, a mis le porte-voix de la clameur entre les fortes mâchoires, et la proclamation dans la bouche béante du Lion ; l'animal grandiose, extraordinaire par excellence et privilège entre tous les animaux. Ce souffle rugissant, qu'on perçoit à son point de départ, se fait encore entendre ici sous la voûte des cieux où il rencontre des échos, démesurément lointain ! La maturité du génie du Statuaire, a brisé vaillamment l'étroite enceinte de l'allégorie mythologique.

Il s'est élancé, dirai-je comme un géant, au delà de nos habitudes de talent plagiaire et routinier. Jusque là nous sommes entièrement d'accord.

Le cosmogoniste s'est montré parfait ici. Face à face, et sous l'inspiration de ces éléments physiologiques de recherche du bonheur, communs à tous les êtres dans l'amour, en même temps que de cet esprit de sacrifice et de dévouement moral des individus qu'on retrouve également partout, et qui relient toutes les espèces dans une même loi d'unité. Profond sans être obscur ; mystérieux sans être sombre ; oriental sans être étranger aux autres climats, il a mis sur sa montagne d'interprétation, ce sceau des origines qui tant plaisent aux imaginations rêveuses.

Il a retrouvé les traces de cette Vénus occulte et sévère, mais d'une inconcevable puissance et toute primitive, qu'on avait trop négligée ou mise en oubli : il n'est pas donné à tout le monde, de soulever d'une main large et ferme, les draperies surchargées de mystères et de génie de la Nature.

Et il l'a rendue splendidement. Les rudiments de la reproduction et facultés d'engendrer, sont distribués ici sous le spécimen des plus âpres et formidables espèces ; et il en tire d'amirables lumières pour la pensee et la raison. Sa philosophie d'artiste a franchi l'ornière.

Face à face et placé de sa personne d'observateur, entre l'action des milieux terrestres ambiants, le printemps, le soleil, l'été, le regard fécond du jour, l'œil incubateur des nuits, tout ce qui plane au dessus de nous, et facilite la reproduction des existences, mais ne la donne pas ;

Et cette autre faculté non moins évidente, qui sommeille et préexiste au dedans des êtres créés; en constitue peut-être le germe, et certainement l'invariable formule, et qui va s'éveillant et se portant à la rencontre et réaction des premiers agents. Placé, disons-nous de sa personne sous le charme inspirateur et la solidité de ces observations, l'artiste-philosophe a attaqué une idée escarpée, abrupte, colossale avec des existences réelles que la création elle-même a rangées parmi les colosses et les choses terribles. Les lions se sont fait les caractères de son alphabet. Les rois de l'antre, les traducteurs de sa pensée. Son poème de fauves et de reptiles monstrueux, est devenu une manifestation vivante et parlante de cette force inconnue ; un chant sublime et magnifique, sous son ciseau, à la cause éternelle et suprême des causes secondes.

C'est cet occulte et profond agent universel, cette action de l'inconnue, cette prédisposition ou préexistence de l'idée et de la vie, constituée en mystère au fond de toutes choses, et attendant son jour de manifestation et d'avènement à la méridienne terrestre, que nous appelons la Grande Déesse ; la puissante divinité ; la mère des mères : *magna parens.*

Que le statuaire chasse, ne fût-ce qu'à titre et comme délit de superfétation, si par malheur il y tenait encore, cet *Eros* ou *érotique* qui n'est pas digne de la société de ces redoutables brutes et de la fréquentation de ses idées actuelles. L'amour vrai, l'amour exempt de fictions et de mensonges, y est bien implicitement compris dans cette société aventureuse de farouches instincts? Il y a bien pris droit de cité; mais entré par une plus grande porte: la nature gravitant dans son cercle d'enfantements et de reproduction universelle? Cette force éternelle et divine, qui régénère incessamment le monde? Ce grand côté de l'Art, qui illumine aujourd'hui les esprits, a seul l'orthodoxie du dogme de la nature: tout le reste comparé, n'est que dégénérescence, convention, imagination, amoindrissement ou faiblesse, quand ce n'est pas schisme.

XXVIII.

Les allégories, les analogies, les équivalents qui conviennent si bien à l'art du poète et de l'écrivain, ne vont point du tout au sculpteur. Ses sous-entendus, ses indications, à lui, sont d'une autre nature, et réclament un mode autre d'exécution. L'expression en sculpture est toute directe, et doit s'offrir tout de suite dans les qualités de la passion.

Si la statuaire sous-entend quelque chose, ce sont d'ordinaire deux ou plusieurs sentiments en lutte et simultanés; deux ou plusieurs états de l'âme, ensemble contractés dans un même personnage ou sujet; comme la souffrance, le courage, le désespoir contenu et la paternité, par exemple, également présents dans cet admirable groupe de Laocoon: chaque art a sa traduction particulière de la nature.

Le mythe de l'Amour, tel qu'il nous est donné de le

comprendre de nos jours, ou ce qui pourrait le réfréner, a plus de consistance et bien une autre ampleur d'action et de pensée vraiment, que cet enfant qui pince le nez de la lionne maternelle, et rit, la main appuyée au dessus de ce gouffre dentu, où je ne serais pas étonné de le voir disparaître tout entier? Mesuré à la puissance de l'obstacle et du péril, qu'est-ce que ce frein donné à la locomotive ou imposé à la mer, dont l'idée vous poursuit involontairement à cette étrange vue disproportionnelle?

J'aimerais mieux, à tout prendre, ce sauvage de la Foride d'autrefois, monté à califourchon, dans la mer des Antilles, sur le dos de sa baleine, et enfonçant à coups de maillet son coin de bois grossier dans l'évent du monstre endormi: du moins celui-là donnerait-il l'idée formidable d'étouffement, et d'une force audacieuse peu commune?

Ce groupe colossal m'appartient par droit d'admiration; qu'on me débarrasse cette grande idée du jargon de l'ancien atelier; je ne voudrais pas le voir altérer par l'adjonction d'une idée inférieure ou secondaire. Que le Statuaire expulse sans pitié la Mythologie, et garde le Mythe . son Parnasse des fauves ne doit rien emprunter au style faux et maniéré de Titon Du Tillet.

Qu'une patte opposante et répulsive de lionne, on sait à quelle occasion donnée, comme celles que le Phidias Français sait fabriquer, remplace incontinent cette fourmi ailée tombée de la nue mythologique, qui nous la cache ou nous l'a volée, et rompt l'unité de ce groupe magistral!

XXIV.

Je n'ajoute plus qu'un mot, et le dernier : Les ailes de vos amours enfantins auxquels vous avez trop accordé, sont dans la poitrine et le ventre de vos lions. Leurs petites pennes d'emprunt et de volettement, dans le batttement rhythmique et les ailes pulmonaires du thorax de vos puissantes fauves. C'est avec ces rudes et fortes envergures internes, et ces porte-voix de proclamation extérieure, Maître ! c'est avec la Nature, poussée à la plus haute expression de l'idée, et en restant son reproducteur fidèle et consommé, que vous irez à l'immortalité.

Au dessous de ce beau travail, ces deux mots écrits : *Alma parens, magna parens* ou quelque analogue fouillé dans le socle du monument ; votre ciseau encore, simplement signé de votre nom, en diraient bien plus que tous ces signes d'interprétation emblématique et fausse, suscitant ou domptant la force.

ENVOI.

Criquebœuf (canton d'Honfleur, Calvados), le 15 août, 1858.

A M. AUGUSTE LECHESNE (DE CAEN),

STATUAIRE.

Illustre Maître,

Je vous envoie des bords de la mer, mon opinion et mes réflexions sur votre groupe colossal des *Animaux féroces domptés par l'Amour*. Elles sont le développement pur et simple de quelques notes que vous m'avez vu prendre à la hâte autour de votre chef-d'œuvre, et des impressions que j'en ai reçues, avant mon départ de Paris.

Puissent-elles vous agréer ; et les critiques que je hasarde à l'occasion, ne pas vous paraître trop inconvenantes et hors de propos.

J'aurais pu exprimer mon sentiment de répulsion invincible pour cette figurine de l'Amour, en quatre lignes : je tenais à démontrer.

Du reste, pas de dissidence autre qui nous partage à l'endroit de ce chef-d'œuvre. Vous l'excuserez.

Après un long silence de plusieurs années, je rentre par vous et l'admiration que m'inspirent vos œuvres, dans la publication et les théories de littérature et d'art, où j'aurais voulu prendre place : votre lion, Maître ! me portera bonheur.

G. DESJARDINS.